Le biblio bus

Inga Moore

Pastel
les lutins de l'école des loisirs
11, rue de Sèvres, Paris 6e

Élan et sa famille habitaient une maison dans la forêt.

Tous les soirs, après le repas,
ils s'installaient confortablement
devant la cheminée.

Puis, Élan leur racontait
une histoire.

Un jour pourtant, il fut à court d'idées.
Toutes ses histoires, il les avait déjà racontées.

« Et si tu nous lisais un livre ? » lui suggéra sa femme.

Sans attendre, Élan partit emprunter un livre
à Ourse, sa voisine.

Hélas, elle n'en avait pas à lui prêter.

Ni elle ni aucun des autres animaux
qui habitaient la forêt.

Ni Blairelle ni Renard.

Ni Lièvre ni Taupe. Ni les Trois Sangliers.
Pas même les Castors. Personne n'avait
un livre d'histoires qu'Élan pût emprunter.

Alors, le lendemain,
il décida d'aller en ville,
à la bibliothèque.

Sur place, il découvrit
des rayons entiers de livres.

« Pourquoi pas
Le Petit Chaperon rouge ?
proposa la bibliothécaire.
Le Chat botté, peut-être ?
Sinon, *Cendrillon* ?
N'hésitez pas à tous
les emprunter ! »

« Ouaaah ! » s'écria Ourse
en voyant tous les livres.

Ce même soir, après le repas, ses oursons et elle vinrent écouter Élan leur lire *Le Petit Chaperon rouge*.

Le jour suivant, Ourse dit à Blairelle
qu'elle avait adoré cette histoire.

Son dîner terminé, elle revint écouter Élan avec ses oursons.
Cette fois-ci, il lut *Le Chat botté*. Blairelle, Blaireau
et leurs blaireautins étaient là aussi.

Le lendemain soir, Ourse vint à nouveau avec ses oursons, Blairelle, Blaireau et leurs enfants, Renard, sa femme et leurs renardeaux. Sans oublier Lièvre. Et Taupe.

Quant aux Sangliers, ils arrivèrent avec leur ribambelle de marcassins.

« Entrez, entrez, les accueillit Élan.
Plus on est de fous, plus on rit. »

Aux fourneaux,
sa femme était débordée par toutes
les commandes de chocolat chaud.

À l'arrivée des Castors,
il y avait tellement de monde
chez Élan qu'on était serrés
comme des sardines.

Impossible de bouger
une patte !

Élan eut bien du mal à lire
Cendrillon. Sa maison était
pleine à craquer !

CACAO
CENDRILLON

À son réveil,
il appela la bibliothécaire,
puis se rendit à la casse
où il trouva
un vieux bus.

24

Après l'avoir réparé…

et aménagé…

Élan prit la route de la bibliothèque.

Une fois là-bas, il remplit le bus de centaines de livres…

Assez pour qu'Ourse et Blairelle
et tous les autres animaux peuplant la forêt
puissent les emprunter !

« Mais on ne sait pas lire ! »
s’exclama Ourse.

Alors, Élan lui apprit à lire.

Et elle apprit à Blairelle.

Qui apprit à Renard.

Lequel apprit à…
Non, ce fut l'épouse d'Élan
qui apprit à lire à Lièvre.

Et Lièvre apprit à Taupe.

Tous deux, ils apprirent à lire aux Trois Sangliers
qui apprirent aux Castors.

Peu de temps après,
les animaux se mirent à défiler
dans le bibliobus…

pour repartir chez eux
lire leurs histoires
au calme.

Ou entre voisins.

Parce qu'en lisant ensemble,

qu’est-ce qu’on s’amuse bien !

Personne, cependant, n'égalait les talents de conteur d'Élan.

Et son salon continua d'afficher complet.

On ne s'y sentait plus entassés, telles des sardines en boîte, mais bel et bien comme dans un nid douillet.

Ce livre est dédié
à tous les bibliothécaires.

IM

Texte français d'Aude Gwendoline

ISBN 978-2-211-33381-8
Première édition dans la collection *les lutins* : novembre 2023

Titre original : "Moose's Book Bus",
publié par l'intermédiaire de Walker Books Ltd,
87, Vauxhall Walk, Londres SE11 5HJ

Loi numéro 49 956 du 16 juillet 1949 sur les publications
destinées à la jeunesse : septembre 2021
Dépôt légal : mars 2025
Imprimé en France par Estimprim à Autechaux

24